Georg Weindl
Mitarbeit: Hendrik Heuser

Wirtshäuser

Georg Weindl
Mitarbeit: Hendrik Heuser

Wirtshäuser

im Rosenheimer Land

Edition Förg

Hohenlinden
Haag
Soyen
Ebersberg
Wasserburg
Grafing
Attel
Herrmannsdorf
Aßling
Rott
Glonn
Ostermünchen
Feldkirchen
Tattenhausen
Kirchdorf
Maxlrain
Höggling
Ellmosen
Langenpfunzen
Bruckmühl
MÜNCHEN
Bad Aibling
Kolbermoor
ROSENHEIM
Miesbach
Raubling
Rohrdorf
Bad Feilnbach
Schliersee
Brannenburg
Nußdorf
Fischbachau
Tatzelwurm
Bayrischzell
Oberaudorf
Mangfallgebirge
Kiefersfelden
KUFSTEIN
INNSBRUCK
SCH

INHALT

Wozu einen Wirtshausführer?

Bayerische Wirtshäuser gibt es auch in Mallorca, Los Angeles und Honolulu. Solche Gasthäuser sind ein Stück deutschen Klischees, das weltweit begehrt wird. Und zu Hause? Daheim in Bayern haben sie es allerdings schwer. Denn die Gäste zieht es zum Griechen, Italiener oder Mexikaner. Statt Saurem Lüngerl oder Surhaxn tafelt man Gyros, Zampone oder Chili con Carne. Ob diese Art von Ethnofood oder mediterraner Küche dem Gast besser bekommt, sei dahingestellt. Zumindest aber schafft es die internationale Gastronomie, ihren deutschen Kunden mit Sirtaki und aufgemalten Palmen die gesuchte Gastfreundschaft und etwas Urlaubsstimmung zu vermitteln. Nichts gegen die Mittelmeerküche, aber etwas mehr Aufmerksamkeit und Zuneigung haben unsere Wirtshäuser wirklich verdient. Und dass sie ihrer würdig sind, das zeigen die Beispiele tüchtiger Wirte, die nicht nur Traditionen pflegen, sondern sie zuweilen auch sehr gekonnt verfeinern und variieren.

Essen ist ein Stück Alltagskultur und muss sich deshalb auch weiterentwickeln; so wie wir selbst. Dieser Führer soll deshalb nicht nur helfen, auf gemütliche Gasthäuser und tüchtige, einfallsreiche Wirte hinzuweisen. Er soll darüber hinaus auch ein Wegweiser sein, denn etliche Häuser, die in diesem Buch vorgestellt werden, waren auch den Autoren vor genaueren Recherchen nicht bekannt und sind deshalb für eine angenehme Überraschung allemal gut.

Wenn Soziologen gern kritisieren, dass in unserer modernen Gesellschaft Sozialkompetenzen immer mehr verloren gehen, Menschen zu wenig miteinander reden und die Fähigkeit abhanden kommt, mit Eigeninitiative ihre Freizeit zu gestalten, dann bleibt nur noch, auf die Rolle des Wirtshauses zu verweisen. Denn es ist ein Sozialzentrum, weil man sich zum Stammtisch, sonntags nach der Messe und werktags nach der Arbeit, schon immer dort getroffen hat. In Tirol und Südtirol entwickelte sich im 18. und 19. Jahrhundert ein spezieller Typus von Wirtshaus, in dem die Pfarrer nach der Messe im Widum Wein an die Bauern ausschenkten. Das Widum wurde zum Wirtshaus, der Pfarrer zum Nebenerwerbsgastwirt – heute leider ein

längst vergessener Brauch. Und sogar Kulturzentren sind die Wirtshäuser oft. Die Aktivitäten reichen vom Schafkopfen bis zum Bauerntheater. Letzteres erfreut sich auch heute noch großer Beliebtheit und kann an Unterhaltungswert mit der „Lindenstraße" leicht mithalten. Das Wirtshaus ist ein Stück gewachsene Kultur und damit auch ein Teil unserer Geschichte. Dass es Wärme und Geborgenheit vermittelt, zeigt nicht zuletzt, mit welcher Beharrlichkeit wir uns im Urlaub auf die Suche nach vergleichbaren italienischen Trattorien und griechischen Tavernen machen. Also kann die traditionelle Gastlichkeit zu Hause auch nicht so ungelegen sein.

CHIEMGAU

GASTHAUS *ZUM BRANDLWIRT*
HEMHOF

Unter dem Namen „Brandlwirt in Hemhof" kennt man dieses Gasthaus kaum. Wenn man aber von der „Berta" spricht, weiß jeder halbwegs ambitionierte Wirtshausfreund Bescheid. Das alte Gasthaus, das ziemlich versteckt an der Dorfstraße in Hemhof liegt, ist eine Institution. Und das nicht erst seit gestern, denn die erste urkundliche Erwähnung geht auf das Jahr 1394 zurück. Damals wurde eine Kindstaufe eines ledigen Knechts von der Wirtstaverne in Hemhof amtlich niedergeschrieben.

Dass es sich um eine der ältesten, wenn nicht um die älteste Wirtschaft im Umkreis handelt, erkennt man an den 250 Jahre alten Heiligenbildern an der Fassade, am nostalgisch anmutenden Zuhäusl, wo früher die Schlachtung eingerichtet war, und auch am bäuerlichen Interieur. Auf Modernisierungen legt die Berta keinen Wert und das ist gut so.

Man fühlt sich in der Stube, als wäre man 100 Jahre zurückversetzt, und auch die Speisekarte ist frei von irgendwelchen zeitgeistigen Annäherungen. Es gibt nur einfache Brotzeiten wie Presssack, Leberkäs, Geräuchertes oder Ripperl.

Die Portionen sind reichlich bemessen und die Preise höchst moderat. Das Bier ist vom Steiner Bräu, das Weißbier vom Schalchner, beides aus der Trostberger Gegend.

An Wochenenden kann es ziemlich voll werden. Vor allem die wenigen Plätze im Freien vor dem Haus sind schnell besetzt. Dass man nicht reservieren kann, liegt einfach daran,

dass es kein Telefon gibt. Wie sehr es der Wirtin um die Erhaltung des Alten geht, merkt man, wenn sie entsprechende Geschichten erzählt. Als man ihr einmal nahe legte, einen neuen, pflegeleichteren Boden legen zu lassen, meinte sie nur: „Andere machen Gymnastik, ich wisch halt meinen alten Fußboden."

Gasthaus *Zum Brandlwirt*
Dorfweg 3
83093 Hemhof
kein Telefon
Ruhetage: Donnerstag und Freitag
Werktags und Samstag ab 19 Uhr geöffnet, Sonntag ab 15 Uhr
Hauptgerichte: DM 6,50–8

Wie man hinkommt

Hemhof erreicht man von Bad Endorf aus auf der Staatsstraße 2095. Man biegt links in das Dorf ab und biegt im Zentrum rechts in die Seestraße, fährt bis vor den Kramerladen in der Kurve und zweigt nach rechts in den Dorfweg ein. Bis zum Wirtshaus sind es nur wenige Meter. Wenig Parkplätze!

Was es sonst noch gibt

Hemhof liegt direkt an der Eggstätter Seenplatte. Wanderungen und Badeausflüge am Pelhamer See, Hartsee und Langbürgner See bieten sich an. Außerdem kann man auf ruhigen Wegen schöne Radtouren unternehmen.

GASTHAUS ZUM BRÄU
FRASDORF

In alten Heimatfilmen steht das Wirtshaus direkt neben der Kirche und heißt „Zur Post" oder „Zum Bräu". So gesehen ist der *Bräu* in Frasdorf – besser bekannt als *Obholzer* – ein besonders traditionsreiches Gasthaus, auch wenn das Ortszentrum von Frasdorf kaum heimatfilmtauglich wäre.

Die beiden Brüder Lenz (in der Stube) und Ludwig (in der Küche) halten offensichtlich wenig vom Fortschritt und das dürfte den eingefleischten Wirtshausgänger freuen.

Denn der *Obholzer* ist auf seine ziemlich unspektakuläre Weise ein bodenständiges Wirtshaus geblieben, was man auch an der Speisekarte erkennt.

Ob es die gebratene Flugentenbrust mit Kartoffelknödeln, die geräucherte Ochsenzunge oder einfach nur eine hausgemachte Sülze mit Bratkartoffeln ist, man isst hier sehr solide und vor allem preiswert. In den beiden geräumigen Wirtsstuben findet man neben Ausflüglern auch viele Einheimische.

Im Sommer wird auf der biergartenähnlichen, teils überdachten Terrasse neben dem Haus serviert.

Gasthaus *Zum Bräu*
Hauptstraße
83112 Frasdorf
Tel.: 0 80 52 / 10 02
Ruhetage: Montag und Dienstag
14–17 Uhr täglich geschlossen
Hauptgerichte: DM 11–22

Wie man hinkommt

Frasdorf erreicht man über die Autobahn A 8 von München in Richtung Salzburg (eigene Ausfahrt). Der *Bräu* steht in Frasdorf an der Hauptstraße, direkt nach der Kirche in Richtung Achenmühle.

Was es sonst noch gibt

Frasdorf selbst ist an touristischen Attraktionen nicht gerade reich, bietet sich aber als Ausgangspunkt für Wanderungen ins Hochriesgebiet an. Zum Beispiel von Lederstuben zur Frasdorfer Hütte oder zur Hofalm. Ebenfalls nicht weit ist es nach Aschau oder zum Bärnsee nördlich von Aschau. Die Gegend um Frasdorf ist gut mit Radwegen erschlossen. Beim Anderlbauer am Ostrand von Frasdorf gibt es Schafskäse aus eigener Produktion.

FISCHERSTÜBERL
KROTTENMÜHL

Ein ideales Ziel für Radausflüge ist das Fischerstüberl am Simsseeufer bei Krottenmühl. Von der idyllischen Terrasse (mit 180 Plätzen) aus genießt man den Blick auf den See, das gegenüberliegende Ufer, die Kirche von Hirnsberg und die Chiemgauer Berge im Hintergrund.

Hier kann man die Seele baumeln lassen. Und dazu noch gut essen. Denn Juniorchef Michael Hain hat sich ganz auf Fische aus heimischen Gewässern und Züchtungen spezialisiert: zum Beispiel Seeforellen aus dem Chiemsee oder Hechte und Zander aus dem Simsee, darunter Exemplare, von denen auch mehrere Personen satt werden. Für Gesellschaften kocht man auch auf Bestellung. Zu einer Geburtstagsfeier kommt so auch mal eine 9-Pfund-Forelle auf den Tisch, die für etwa ein Dutzend Leute locker reicht. Dazu serviert man passende Weine wie Grünen Veltliner, Collio oder einen Petit Chablis.

Wie man hinkommt

Von Rosenheim fährt man auf der Staatsstraße 2095 in Richtung Bad Endorf. Gut 2 km nach Prutting biegt man an der Kreuzung rechts nach Krottenmühl ab. In Krottenmühl über-

quert man die Eisenbahnlinie und fährt scharf nach links. Nach 1 km sieht man rechts den Parkplatz des Fischerstüberls.

Was es sonst noch gibt

Unterhalb der Terrasse ist ein naturbelassener Badeplatz. Und geschickte Simsseesegler können neben dem Badeplatz anlegen (Schwert hochkurbeln!).

Fischerstüberl **Krottenmühl**
Seestr. 22
83139 Söchtenau
Tel.: 0 80 53 / 27 90
kein Ruhetag
Betriebsferien: 15. Oktober bis 1. April
Warme Küche: durchgehend von 11.30–22 Uhr
Hauptgerichte: DM 14,50–24

RESTAURANT *GOCKLWIRT*
SIMSSEE

Lanz-Bulldog, Baujahr 1920, vorbei über die Terrasse ins Lokal, erlebt man auch im Interieur die Sammelleidenschaft der Familie Rietz-Huber.
Die neueste Errungenschaft ist eine gut 1000 Exemplare umfassende Kaffeekannen-Sammlung.
Ganz traditionsbewusst gibt man sich auch in der Küche. Frische Simssee-Fische wie Hecht, Zander oder Schleie, Wildspezialitäten, eine gegrillte Bauernente und Kräuter aus dem eigenen Garten prägen das kulinarische Angebot. Ein Nichtraucherbereich in der Fischerstube und drei Fremdenzimmer im Nebenhaus ergänzen das Angebot.
Die umfangreiche Sammlung, deren bekanntestes Resultat die drei Meter hohe und fünf Meter breite Weltuhr ist, stammt noch vom *Gocklwirt*-Gründer Anton Rietz. Der Name des Hauses erklärt sich übrigens daraus, dass Rietz an dieser Stelle früher eine Hühnerfarm betrieben hat. Heute ist der *Gocklwirt* zwar kein Geheimtip mehr und als Ausflugslokal längst bekannt; aufgrund seiner besonderen Attraktionen ist er auf jeden Fall einen Ausflug wert.

Handelt es sich um ein Gasthaus oder um ein Museum? Beim *Gocklwirt* am Simssee ist man sich erst einmal nicht ganz sicher, welches nun die eigentliche Attraktion ist. Fährt man die Straße am Weinberg zum *Gocklwirt* hoch, wird man zunächst von maschinellen Ungetümen in Form von historischen Dampfmaschinen und Straßenwalzen empfangen. Kommt man dann an einem

Restaurant *Gocklwirt*
Weinbergstr. 9
83071 Stephanskirchen
Tel.: 0 80 36 / 12 15
Ruhetage: Montag und
Dienstag
Warme Küche:
von 13–21.30 Uhr
Hauptgerichte: DM 10–45

Wie man hinkommt

Man fährt von Rosenheim auf
der Staatsstraße 2098 in Richtung Simssee und Stephanskirchen. In Stephanskirchen geht
es vor der Bahnschranke links
in die Simsseestraße nach Baierbach und zum Simssee. Nach
einer Bahnunterführung fährt
man rechts und dann gleich

links zum *Gocklwirt* auf dem
Weinberg.

Was es sonst noch gibt

Wo es heutzutage zum guten
Ton gehört, in irgendeinem
Golfclub Mitglied zu sein, dürfte die Minigolf-Anlage beim
Gocklwirt wohl eher kleine
Gäste interessieren. Die Nähe
zum Simssee beschert dem
Gocklwirt dafür einen besonderen Freizeitwert. Spaziergänge
am Seeufer in Richtung Ecking
oder ein Rundweg über Son-
nenholz taugen als verdau-
ungsfördernde Exkursionen. An
Sommertagen lockt dafür das
einen Kilometer entfernte
Strandbad von Baierbach.

GASTHAUS *ZUR POST* (HIRZINGER), SÖLLHUBEN

Seit Jahren ist der *Hirzinger* in Söllhuben eine der ersten Adressen unter den Wirtshäusern im Rosenheimer Land. Kein Wunder, schließlich hat das Gasthaus *Zur Post* alles, was ein gestandenes bayerisches Wirtshaus ausmacht: rundherum ein Dorf, das sich seine bäuerliche Eigenart erhalten hat; vor dem Haus einen schattigen Biergarten mit mächtigen Kastanienbäumen; dahinter eine Kegelbahn aus der Zeit der Jahrhundertwende; drinnen eine alte gemütliche Stube, einen Festsaal obendrauf und – wie es sich traditionell gehört – eine eigene Metzgerei.

Was auf den Tisch kommt, stammt größtenteils aus dieser Metzgerei, so zum Beispiel das geräucherte Rindfleisch, das Spanferkel, die Rindsrouladen oder eine Milzwurst. Die Brauerei Unertl aus Haag liefert das Weißbier in Schnappverschlussflaschen, das eigens für den Hirzinger gebraut wird. So viel Bodenständigkeit und Traditionsbewusstsein passt zu diesem Wirtshaus. Schließlich wurde der Hirzinger bereits im Jahr 1477 als „Wirth von Selhueben" erstmals urkundlich erwähnt. Seit 21 Generationen, also seit rund 500 Jahren, ist das Wirtshaus im Familienbesitz und wurde bis 1928 als Poststation Söllhuben geführt. Ob die jüngsten Neuerungen wie die geräumige Weinstube oder der künftige Saal für Theater- und Kleinkunstaufführungen und eine auffällige

Tendenz zur Lifestyle-Gastronomie den Wirtshausfreund ansprechen, das ist letztlich eine Frage des persönlichen Geschmacks. Ganz sicher ist, dass man vor allem an Wochentagen beim *Hirzinger* unverfälschte bayerische Wirtshauskultur vorfindet. An heißen Sommerwochenenden freilich ist der Biergarten nicht selten restlos überlaufen. Schöne Wirtshäuser haben eben viele Freunde.

Gasthaus *Zur Post (Hirzinger)*
Endorfer Str. 13
83083 Söllhuben
Tel.: 0 80 36 / 12 66
Ruhetag: Dienstag
Betriebsurlaub: während
des Herbstfestes in Rosenheim
Warme Küche: 11.30–14 Uhr,
17–21.30 Uhr
Hauptgerichte: DM 10–20

Wie man hinkommt
Man erreicht Söllhuben von Frasdorf (Autobahn) oder Riedering über die Staatsstraße 2362. In Söllhuben verlässt man diese Straße in einer scharfen Kurve und folgt der Endorfer Straße. Nach 200 m kommt man zur Kirche und zum gegenüberliegenden Wirtshaus.

Was es sonst noch gibt
Das Bauerndorf Söllhuben liegt wie ein Aussichtsbalkon oberhalb des Simssees. Für einen kurzen Verdauungsspaziergang in Verbindung mit einem beeindruckenden Panoramablick lohnt der Weg zur kleinen Aussichtskapelle oberhalb des Dorfes hinter der Kirche.
Der Trachtenverein Söllhuben spielt an großen Feiertagen im Saal im ersten Stock des Wirtshauses alte Bauernschwänke.

INSEL-HOTEL *ZUR LINDE*
FRAUENINSEL

Dass in der *Linde* gerne Hochzeitsgesellschaften einkehren, kann man sich wirklich gut vorstellen. An der höchsten Stelle der romantischen Insel im Chiemsee steht – man könnte fast sagen thront – die *Linde.* Ein stattlicher Hotel-Gasthof, dem man seine über 600 Jahre alte Geschichte nur im positiven Sinne anmerkt. Einige wenige Worte zur Geschichte: 1396 lässt die Äbtissin Elisabeth ein Wirtshaus auf der Insel bauen, das lange Zeit später mit der Säkularisation im Jahr 1803 in den Besitz des Gastwirts Daniel Dumser überging. Als später viele Künstler die Insel für sich entdeckten, blieb das für die *Linde* nicht ohne Folgen. Einmal, weil der Maler Max Haushofer die Wirtstochter Anna ehelichte. Und auch, weil man glücklicherweise heute noch in der *Linde* etliche Arbeiten dieser Künstler bewundern kann. Besonders gilt dies für die stilvolle Demmel-Stube mit Werken des gleichnamigen Malers. Wie es sich für ein Inselwirtshaus gehört, dominieren die Fische aus dem Chiemsee die Speisekarte. Da findet man Bodenständiges wie die gebratene Renke mit Petersilienkartoffeln, aber auch Hecht-

nockerl auf Reiberdatschi oder Mairenken nach Matjes-Art. Viel Platz gibt es nicht nur in den zahlreichen Stuben, von denen die Fischerstube eine der älteren und schönsten ist. Im Sommer konzentriert sich das Geschäft auf die große Terrasse

vor dem Haus. Für ein längeres Abendessen, das über die Fahrzeiten der Schiffe hinausreicht, organisiert der Wirt Sebastian Obermaier auch ein Schiffstaxi. Besonders schön ist es, die ruhigen Abendstunden auf der Insel zu genießen und zum Abschluss eines der 14 Zimmer der *Linde* in Anspruch zu nehmen. Man muss ja deswegen nicht gleich heiraten.

Insel-Hotel *Zur Linde*
83256 Fraueninsel
im Chiemsee
Tel.: 0 80 54 / 9 03 66
Geöffnet von Ende März
bis 10. Januar
Kein Ruhetag
Warme Küche: 11.30–
20.30 Uhr
Hauptgerichte: DM 11–33

Wie man hinkommt

Verlässt man die Anlegestelle der Chiemsee-Schiffe auf der Fraueninsel vor dem Kloster, sind es nur wenige Schritte zur *Linde*. Unübersehbar steht der Gasthof auf dem höchsten Punkt der Insel, bezeichnenderweise stehen einige mächtige Linden vor der Haustür.

Was es sonst noch gibt

Ein Besuch der Fraueninsel wäre nichts ohne einen Spaziergang auf dem Uferweg und durch die idyllische Siedlung mit den alten Fischerhäusern. Zu den wichtigsten Sehenswürdigkeiten zählen neben der gotisch-barocken Klosterkirche und dem alten Friedhof noch die karolingische Torhalle, der älteste Profanbau Süddeutschlands, und natürlich das Benediktiner-Kloster. Übrigens gibt es im Kloster auch ein Gästehaus mit Fremdenzimmern.

GASTHOF *INSELWIRT*
FRAUENINSEL

Über 800 Jahre Geschichte und das auf einem außergewöhnlichen Platz wie der Fraueninsel. Da bleibt es nicht aus, dass der Gasthof *Inselwirt* reich an Geschichten ist. Bis zur Säkularisation war es Sitz des Hofrichters, der für das reiche Kloster die Rechtsfragen erledigte.

Als die Familie Krämmer, deren Nachfahren selber auch heute noch die Besitzer sind, das Anwesen erwarben, wurde daraus eine Tuchmacherei. Im Jahr 1951 schließlich erhielt es seine gastronomische Bestimmung und die passt sicherlich besser zur Insel als die Tuchherstellung.

Eine große Terrasse und rustikale Gasträume entsprechen der bodenständigen Idylle der kleinen Fischerinsel. Was ergänzt dies besser als eine Küche, die auf das lokale Angebot spezialisiert ist? Im Mittelpunkt stehen Renken, Brachsen und Schratzen, so frisch wie man sie eben nur auf einer Insel bekommen kann und wenn Fischer die Nachbarn sind. Die Küche bleibt ebenfalls bodenständig und verzichtet auf Experimente. Dass die Fraueninsel ein Refugium für Romantiker ist, das ist ja nicht neu. Besonders reizvoll ist das Eiland an Sommerabenden, wenn der Trubel vorbei ist und man die Beschaulichkeit genießen kann. Für solche Genüsse gibt es beim Inselwirt einige Fremdenzimmer. Für Insulaner auf Zeit. Manche sagen auch: für die wirklichen Genießer.

Gasthof *Inselwirt*
83256 Frauenchiemsee
Tel.: 0 80 54 / 6 30
Ruhetag: mittwochs
während der Vor- und
Nachsaison
Geöffnet von Ostern bis
Kirchweih (Mitte Oktober)
Hauptgerichte: DM 13–29

Wie man hinkommt
Die Chiemsee-Schiffe fahren von Prien oder (besser) von Gstadt zur Fraueninsel. Von der Anlegestelle geht man rechts am Kloster vorbei und findet neben der alten Torhalle den *Inselwirt*.

Was es sonst noch gibt
Natürlich ist die Fraueninsel für sich Sehenswürdigkeit genug; sie bietet romantische Spazierwege entlang des Ufers mit Blick auf See, Herreninsel und Chiemgauer Berge. Reizvoll

sind auch der kleine Friedhof neben dem Münster mit Gräbern historischer Persönlichkeiten wie dem Maler Max Haushofer und ein Besuch bei der Töpferei Klampfleuthner. Als eine der Hauptattraktionen gilt auch die karolingische Torhalle mit ihren 1000 Jahre alten Fresken.

WEISSBRÄU BACHHAM

Gut versteckt liegt der *Weißbräu* zu Bachham in einem Weiler nördlich von Eggstätt. Aber nicht so gut, dass ihn nicht zahlreiche Wirtshausanhänger regelmäßig und ganz besonders an Wochenenden aufsuchen würden.

Vor allem an Wochenenden sind freie Plätze Mangelware, was auf den ersten Blick gar nicht einleuchten mag. Denn hier handelt es sich um eine ziemlich schlichte und schnörkellose Wirtschaft.

Bei der Wirtsfamilie Birner gibt es eine Spezialität: Fische vom Chiemsee – frisch ins Haus geliefert von zwei Fischern aus Gstadt und Bernau. Es sind vornehmlich Brachsen, Rotaugen und Schleien, die dann aufgetischt werden. Wer es lieber deftig mag – dazu gehören wahrscheinlich auch die Arbeiter vom benachbarten Sägewerk – hat die Wahl aus gestandenen bayerischen Gerichten wie Lüngerl oder Schweinsbraten.

Der Name des Wirtshauses rührt übrigens daher, dass der vor einigen Jahren verstorbene Wirt Peter Birner in kleinsten Mengen Weißbier braute. Schon 1970 war Schluss damit, denn eine Renovierung der alten Sudanlage wäre bei der kleinen Produktion nicht rentabel gewesen. So mag man sich vorstellen, wie seinerzeit die Gäste an den Tischen vor dem Wirtshaus bei selbst gebrautem Weißbier und deftigen Brotzeiten saßen. Bis heute hat sich da nicht viel verändert, nur das Weißbier kommt eben „von auswärts" – aus Rothmoos bei Halfing.

Weißbräu Bachham
Bachham 6
83125 Eggstätt
Tel.: 0 80 56 / 3 51
Ruhetage: Montag und Dienstag
Betriebsferien: 4 Wochen nach Kirchweih
Warme Küche: 11–14 Uhr, 17–20.30 Uhr
Hauptgerichte: DM 11–21

Wie man hinkommt
Im Zentrum von Eggstätt fährt man auf der Kreisstraße Ro 15 nach Norden in Richtung Obing vorbei an der Maschinenfabrik Knott. Nach 1 km biegt man rechts ab zum Weiler Meisham. Dort geht es links ab nach Bachham.

Was es sonst noch gibt

Idealer Ausgangsort für Bade-
ausflüge. Die Chiemgauer
Seenplatte und da vor allem
Hartsee und Pelhamer See lie-
gen vor der Haustür.
Wer seinen Fisch lieber selbst
erbeuten will, erhält beim
Hartseestüberl in Eggstätt
Angelkarten (in der Zeit vom
1. April bis 31. Oktober).

SCHLOSSWIRTSCHAFT WILDENWART

Der eine oder andere Bierkenner mag sich darüber wundern, dass in der *Schloßgaststätte Wildenwart* der Gerstensaft des Herzoglich Bayerischen Brauhauses Tegernsee ausgeschenkt wird, denn das ist für das Chiemseegebiet ungewöhnlich. Damit hat es aber in Wildenwart seine besondere Bewandnis. Schließlich residiert im prachtvollen Schloß Wildenwart – einem Bauwerk aus dem 17. Jahrhundert mit wuchtigen Zwiebeltürmen – mit dem Herzog Max in Bayern ein waschechter Wittelsbacher. Und dem gehört neben dem Schloss auch das benachbarte Wirtshaus und besagte Brauerei am Tegernsee.

In der *Schloßwirtschaft* geht es dafür recht bürgerlich zu. Es ist eine gemütliche alte Stube, dekoriert mit dunklem alten Holz und stattlichen Schützenscheiben. Auf der Speisekarte hat das Wirtspaar Franz und Maria Riesinger traditionell Bayerisches mit einigen raffinierten Eigenkreationen kombiniert. Die Nähe zum Bayerischen Meer, dem Chiemsee, dokumentiert sich zum Beispiel im Renkenfilet mit Knoblauch und Kräutern, wobei der Fisch vor dem Braten (recht ungewöhnlich) in Roggenmehl gewälzt wird. Besonders beliebt bei jungen Gästen ist das Truthahnschnitzel „Wildenwarter Art", bei dem die „Wildenwarter Art" ganz der Phantasie von Franz Riesinger entspringt – mit Corn Flakes und Curry-Reis klingt nun einmal gar nicht bayerisch, ist aber trotzdem sehr beliebt.

Beim *Schloßwirt* hält man es aber auch mit den Standards

der bayerischen Küche: Man serviert Schweinshaxn und Schweinsbraten, je nach Saison auch Hollerküchl und Apfelschmarrn. Ein wenig multikulturell wird es beim Frasdorfer Schafskäse mit Zwiebeln, Tomaten, Olivenöl und Weißbrot. An sonnigen Tagen wird auch auf der Terrasse vor dem Wirtshaus serviert. Selbige wurde in einem Reiseführer einmal als schönster Biergarten des Chiemgaus gelobt, was wohl kräftig übertrieben ist.
Wie auch immer – man hat einen schönen Blick auf das Wildenwarter Schloß des Herzogs Max. Und gut essen vor adeliger Kulisse, das hat man schließlich auch nicht jeden Tag.

Schloßwirtschaft Wildenwart
83112 Wildenwart
Tel.: 0 80 51 / 27 56
Ruhetage: Montag und
Dienstag
Betriebsurlaub: 3 Wochen im
September
Warme Küche: 11.30–14 Uhr,
17.30–21 Uhr
Hauptgerichte: DM 12,50–
28,50
An Wochenenden
reservieren

Wie man hinkommt

Fährt man von Frasdorf an der Autobahnunterführung nach Norden in Richtung Prien, erreicht man nach etwa 3 km Wildenwart. Vor der scharfen Linkskurve sieht man das Schloß vor sich und den Gasthof rechts.

Was es sonst noch gibt

Nebenan steht das Schloß Wildenwart. Es ist der Öffentlichkeit leider nicht zugänglich. Die Gegend nordöstlich um Prutdorf und Bachham bis zur Ratzinger Höhe eignet sich ideal für beschauliche Radausflüge. Da Wildenwart auf halbem Weg zwischen der Autobahn und Prien liegt, ließe sich die Einkehr natürlich mit einem Ausflug zum Chiemsee verbinden. Auch zum Golfplatz südwestlich von Prien ist es nicht weit.

Mangfalltal

Gasthaus *Bartl*
Högling

Högling ist ein kleines Bauerndorf abseits der Staatsstraße nördlich von Bruckmühl. Auf den ersten Blick vermutet man hier allenfalls eine unscheinbare Dorfwirtschaft, die sich höchstens zum Schnitzel oder zum Schweinsbraten aufschwingt.

Das muss im Grunde nicht schlecht sein. Beim Gasthaus *Bartl* in Högling trifft man nämlich auf ein solides Wirtshaus, das noch ein zweites Gesicht hat. Neben der alten Stube und dem großen Saal, der viel Platz für Hochzeiten und Familienfeiern bietet, gibt es beim *Bartl* noch ein kleines, feines Restaurant.

Das dezent dekorierte Gastzimmer mit 25 Plätzen ist nur abends geöffnet und dann serviert die Wirtsfamilie Weber zum Beispiel Entenbrüstchen in Balsamessigsoße oder Kalbsspitzen in Safransoße.

Wer es lieber bodenständig mag, kann in der alten Gaststube mit Schweinsbraten, Tafelspitz oder einfach einer Brotzeit vorlieb nehmen. Die Wirtsleute – das Gasthaus ist seit 1904 im Besitz der Familie – scheinen mit der Zweigleisigkeit recht gut zu fahren.

Für ein Essen im Restaurant sollte man vorbestellen.

Gasthaus *Bartl*
83052 Bruckmühl-Högling
Tel.: 0 80 62 / 12 31
Ruhetag: Mittwoch
Gasthaus von 10–24 Uhr geöffnet
Restaurant ab 18 Uhr geöffnet (nur auf Bestellung)
Hauptgerichte: DM 12–31

Wie man hinkommt
Högling liegt etwas nördlich der Staatsstraße 2078 von Bad Aibling nach Feldkirchen kurz vor Bruckmühl. Das Gasthaus steht unverfehlbar inmitten des kleinen Bauerndorfes.

Was es sonst noch gibt
Rund um Högling kann man vor allem in Richtung Norden schöne Radtouren unternehmen. In unmittelbarer Nachbarschaft steht die mächtige Wallfahrtskirche von Weihenlinden.

LANDGASTHOF *ZUM BRÄU*
TATTENHAUSEN

Gastronomisch gesehen ist in Tattenhausen die Welt noch in Ordnung. Das Wirtshaus steht neben der Kirche. Im Saal spielt der hiesige Theaterverein alte Bauernschwänke. Der *Bräu* ist ein stattliches bäuerliches Anwesen, bietet mit Saal und zwei Stüberln reichlich Platz für Feste und Familienfeiern. Beim kulinarischen Angebot setzt das Wirtsehepaar Rosi und Karl Fiederer auf traditionelle bayerische Küche, die mit einigen zeitgemäßen Akzenten kombiniert wird. Neben Wildhasenlendchen oder einem Bräu-Pfandl serviert man als Spezialität auch Steaks vom Angus-Rind, das die Fiederers von Maredo beziehen. An Feiertagen gibt es Schweinsbraten und Ente, außerdem wird dann ein Salatbuffet aufgebaut. Auf der Getränkekarte finden sich neben den Bieren vom Flötzinger in Rosenheim noch zahlreiche Weine aus Südtirol, Italien und Frankreich. Eine weitere Besonderheit sind die Nachspeisen wie Apfelkücherl, Kaiserschmarrn oder Topfenpalatschinken. Sie haben Tradition, denn die Wirtsleute führten bis 1991 das Café Kreuzer in Au. Für ein Wirtshaus ungewöhnlich ist wohl der Heimservice, den Fiederers anbieten. Was auf der Speisekarte steht, wird in der Umgebung bis Rosenheim, Kolbermoor, Bad Aibling, Großkarolinenfeld und Schechen frei Haus geliefert (ab DM 50 ohne Zustellkosten).

Landgasthof *Zum Bräu*
Hauptstr. 16
83109 Tattenhausen
Tel.: 0 80 67 / 6 24
Ruhetage: Montag und Dienstag
Betriebsferien: 2 Wochen im August
Warme Küche: 11.30–14 Uhr, 17.30–22 Uhr
Hauptgerichte: DM 12–31

Wie man hinkommt
Man nimmt von Rosenheim die Bundesstraße B 15 nach Norden, biegt nach Westendorf links in Richtung Ostermünchen ab. Nach rund 6 km geht es rechts ab in das Dorf Tattenhausen. Man folgt der Beschilderung *Zum Bräu* bis vor die Kirche.

Was es sonst noch gibt

Auch wenn Tattenhausen nicht gerade als Urlaubsziel bekannt ist, so kann man in der Gegend doch schöne und vor allem gemütliche Radtouren unternehmen. Vom Innradweg bei Schechen sind es nur 3 km bis nach Tattenhausen. Durch den Rotter Forst im Norden führen einige Rad- und Wanderwege. In Tattenhausen kann man sich bei drei Bauern (Ellmayr, Halter, Stocker) mit selbst gebranntem Schnaps eindecken.

LANDGASTHOF *GROSSER WIRT*
KIRCHDORF

Dem Salzhandel verdankt der *Große Wirt* in Kirchdorf seine wahrlich lange Geschichte. Schon im 15. Jahrhundert diente das Wirtshaus den vorbeiziehenden Händlern als Raststation. Seinerzeit verlief die Strecke gut 100 m vom heutigen Standort an der Straße von Bad Aibling nach Feldkirchen und dort befand sich auch das ursprüngliche Gasthaus. 1849 entstand das heutige Gebäude an der belebten Hauptstraße und man findet in der Gaststube etliche Erinnerungsstücke an diese Vergangenheit. Heute trägt der *Große Wirt* seinen Namen nicht zu Unrecht, denn das Kaminstüberl, das Zirbelstüberl, das Blaue Zimmer und der große Festsaal bieten ausreichend Räumlichkeiten auch für umfangreichere Gesellschaften.

Der Wirt Benno Huber verbindet traditionelle regionale Küche gehobenen Niveaus, darunter als Spezialität Wildgerichte, mit einfacher heimischer Kost wie Surhaxn oder Kalbsbriesmilzwurst aus eigener Schlachtung. Im Sommer sitzt man im großen Biergarten oder an den Tischen vor dem Haus auf der Straßenseite. Das Bier kommt von Paulaner und aus Aying, darunter auch der kräftige Celebrator, ein preisgekröntes Bockbier. Falls sich jemand zu sehr damit angefreundet hat: Zum Gasthof gehören auch elf komfortable Fremdenzimmer mit TV sowie Dusche/WC.

Landgasthof *Großer Wirt*
Am Griesberg 2
83052 Bruckmühl
Tel.: 0 80 62 / 12 49
Ruhetag: Donnerstag
kein Betriebsurlaub
Warme Küche: 11.30–14 Uhr,
17.30–21.30 Uhr
Hauptgerichte: DM 10–38

Wie man hinkommt

Groß und unverfehlbar steht der Gasthof an der Staatsstraße 2078 von Bad Aibling nach Feldkirchen-Westerham an einem Anstieg kurz nach Bruckmühl auf der rechten Seite.

Was es sonst noch gibt

Nördlich der Staatsstraße verliert sich der Verkehr auf ruhigen Landstraßen in einer abwechslungsreichen Landschaft. Sie ist ideal für gemütliche Radausflüge von Kirchdorf in Richtung Großhöhenrain und nach Glonn. Sehenswert ist auch die Wallfahrtskirche von Weihenlinden.

GASTHAUS *KRIECHBAUMER*
ELLMOSEN

Von außen betrachtet kann man im Gasthaus *Kriechbaumer* in Ellmosen zwar keinen Anwärter auf einen Schönheitspreis sehen, aber dennoch tut man sich schwer, hier an Sonntagen einen Platz zu finden. Also muss es an den inneren Werten des alten, von Monika und Hans Kriechbaumer geführten Wirtshauses liegen, dass es sich solcher Beliebtheit erfreut.

Das Interieur ist schlicht, rustikal und überhaupt so, wie es für viele bodenständige Landgasthöfe typisch ist. Beim Essen geht es ausgesprochen gutbürgerlich zu. Das Preis-Leistungs-Verhältnis ist, das muss man lobend sagen, schon außergewöhnlich und das erklärt wiederum die Beliebtheit des *Kriechbaumers*. Ein Rinderfiletsteak für rund 20 DM oder einen Zwiebelrostbraten für rund 18 DM findet man nicht alle Tage. Beliebt ist auch das Wildererpfandl mit Schweinefilet für ebenfalls rund 18 DM. Dazu gibt es Bier aus der Brauerei Maxlrain.

Alles in allem ein unspektakuläres Wirtshaus für Leute, die gutes (und reichliches) Essen ohne Schnörkel schätzen. Und Leute, die es teuer und edel mögen, wird man beim Wirt in Ellmosen ganz sicher nicht finden. Erwähnt werden sollte noch, dass das Dorf im Norden von Bad Aibling durch die Um-

gehungsstraße deutlich gewonnen hat und es nun ziemlich ruhig zugeht.

**Gasthaus *Kriechbaumer*
83043 Ellmosen 60
Tel.: 0 80 61 / 3 75 35
Ruhetage: Samstag und
Montag, jeden Nachmittag
von 14–17 Uhr geschlossen
Betriebsferien: Weihnachten
bis Mitte Januar
Warme Küche: 11–13.30 Uhr,
17–20.30 Uhr
Hauptgerichte: DM 9–20**

Wie man hinkommt

Ellmosen liegt nördlich von Bad Aibling. Dazu verlässt man die Umgehungsstraße und fährt in den Ort hinein, wo das Wirtshaus direkt an der Hauptstraße steht.

Was es sonst noch gibt

Von Ellmosen oder Bad Aibling kann man Radtouren auf ruhigen Seitenstraßen in Richtung Norden etwa zur Basilika von Tuntenhausen mit ihren sehenswerten Votivbildern oder nach Ostermünchen unternehmen. Radwanderkarten gibt es bei der AIB-Kur GmbH in Bad Aibling, Wilhelm-Leibl-Platz 3.

SCHLOSSWIRTSCHAFT MAXLRAIN

Wenn es unter den Biergärten im Landkreis Rosenheim so etwas wie Stars gibt, dann zählt die *Schloßwirtschaft* in Maxlrain ganz bestimmt dazu. Möglicherweise liegt das am prachtvollen Blick über die Gegend um Bad Aibling mit den Bergen im Hintergrund oder an der aristokratischen Nachbarschaft. Schließlich hat man vom Biergarten aus einen Blick auf das große Schloss des Prinzen Lobkowicz. Überhaupt hat sich Maxlrain zu einer echten Nobelidylle entwickelt: nebenan die alteingesessene Brauerei, ebenfalls im Besitz des Prinzen, und nicht weit entfernt der herrlich gelegene Golfclub. Also ist es kein Wunder, dass man im Maxlrainer Biergarten nicht nur ganz normale Leute sondern auch Vertreter der Hautevolee antrifft. Mit dem Nebeneffekt, dass es an sonnigen Wochenenden ziemlich voll wird, was aber seit der Eröffnung des *Bräustüberls* bei der Brauerei nicht mehr ganz so schlimm ist. Dem Charakter des Ortes entsprechend verbindet die *Schloßwirtschaft* auch bayerische Tradition mit feiner Kochkunst. Das romantische Wirtshaus mit dem prachtvollen Biergarten offeriert mittags hauptsächlich einfache bayerische Kost wie gebackene Milzwurst oder Spanferkelsülze. Abends wird es dann schon

weniger bodenständig, da gibt es Lammrücken provençal, halben Hummer im Kräutersud oder Parmaschinken auf Rucola mit Parmesankäse. Überhaupt ist ein gewisser italienischer Einschlag nicht zu übersehen. Die Kundschaft wird sich freuen und man hat auch den Eindruck, dass man trotz des zeitweiligen Andrangs betont auf Qualität setzt.

Neben der alten Gaststube gibt es noch eine moderne Schützenstube für 50 Personen und einen Saal für 100 Personen. Für Feste und Veranstaltungen bietet die *Schloßwirtschaft* einen edelrustikalen Rahmen.

Wie man hinkommt

Von Bad Aibling fährt man auf der Staatsstraße 2078 nach Westen, biegt am Stadtrand rechts ab in Richtung Mietraching, fährt dort vor der US-Kaserne rechts und erreicht nach rund 3 km Maxlrain mit Schloss, Brauerei und Wirtshaus direkt an der Straße.

Was es sonst noch gibt

Für Golfer ist Maxlrain eine bekannte Adresse. Für alle anderen bleiben die Ansicht des Schlosses und der Blick auf die Umgebung. Ideal ist die Gegend auch für Radtouren auf Nebenstraßen.

Schloßwirtschaft Maxlrain
83043 Maxlrain
Tel.: 0 80 61 / 83 42
Ruhetag: Dienstag
Warme Küche: 11.30–14 Uhr,
17.30–21 Uhr
Hauptgerichte: DM 14–29

GASTHOF *PFEIFFENTHALER*
BAD FEILNBACH

Angesichts der schwindenden Zahl von Kurgästen werden etliche Wirte in Kurorten wie Bad Feilnbach genügend Grund zum Jammern haben. Für den *Pfeiffenthaler* in Bad Feilnbach trifft das nicht zu und das liegt daran, dass die Wirtsleute auf geschickte Weise traditionelle Küche mit einem Schuss Kreativität und Zeitgeist verbinden. In der holzgetäfelten alten Stube serviert man nicht nur Klassiker der einfachen bayerischen Küche – vom abgebräunten Leberkäs mit Ei und Kartoffelsalat bis zur Kalbshaxn –, sondern auch Wiener Rostbraten oder Pfeffersteak. So viel zum Konventionellen.

Recht neu ist eine Naturkost-Pension, die zum Betrieb gehört und neben baubiologisch gestalteten Zimmern auch lacto-vegetabile Vollwertkost anbietet. Wer es mag, kann sich nach den Rezepten der Hildegard von Bingen verköstigen lassen oder das Heilfasten mit therapeutischen Übungen verbinden. Man kann aber auch einfach im gemütlichen Biergarten sitzen und aus einer speziellen Speisekarte Gerichte auswählen, die ausschließlich mit Produkten der heimischen Landwirtschaft zubereitet sind.

Eine kleine Kuriosität findet sich in der Geschichte des Wirtshauses. 1824 von einem Wirt namens Obermaier ge-

baut, wurde es später an einen Pfeiffenthaler verkauft. Dass beide Familien wieder zusammengefunden haben, kommt daher, dass vor einigen Jahren eine geborene Obermaier in das Pfeiffenthaler'sche Wirtshaus eingeheiratet hat.

Gasthof *Pfeiffenthaler*
Kufsteiner Str. 10
83075 Bad Feilnbach
Tel.: 0 80 66 / 2 02
Kein Ruhetag
Betriebsferien: im Januar
Warme Küche: durchgehend
Hauptgerichte: DM 10–30

Wie man hinkommt
Von der Autobahnausfahrt Bad Aibling fährt man rund 3 km nach Süden bis Bad Feilnbach.

Der Gasthof liegt an der Kufsteiner Straße, die als Hauptstraße Bad Feilnbach durchkreuzt.

Was es sonst noch gibt
In Bad Feilnbach starten zahlreiche Wanderrouten, die mal auf steilen mal auf weniger steilen Wegen die Berggipfel erschließen. Recht beliebt ist die Tour zur Tregler-Alm oder zum Farrenpoint. Bad Feilnbach ist auch Ausgangsort des Wilhelm-Leibl-Radwegs über Dettendorf und Berbling nach Bad Aibling auf den Spuren des berühmten Malers. Beim Bauern Michael Kriechbaumer in der Münchner Str. 5 (Tel. 08062/674) kann man Obst, Schnaps und Butter aus eigener Herstellung kaufen.

GASTHOF *ZUR POST*
OSTERMÜNCHEN

Ein Wirtshaus mit eigener Metzgerei direkt neben der Kirche – der Gasthof *Zur Post* in Ostermünchen hält sich damit an die gute alte bayerische Art. Kein Wunder, denn seit über 150 Jahren ist das 350 Jahre alte Haus im Besitz der Familie Kalteis. Dazu hat der junge Wirt Peppi Kalteis in Nachfolge seines Vaters frischen Schwung hineingebracht.

Nach Lehrjahren bei den Edelköchen Alfons Schuhbeck in Waging, Karl Ederer im Gasthaus *Glockenbach* in München und dem Gourmettempel Tantris in München kehrte er nach Ostermünchen zurück. Neben Fasan, Zander und hausgemachten Nudeln mit Flusskrebsen serviert man auch einfache bayerische Kost. Und wer zum Kartenspielen kommt, kann sich seine Currywurst mit Pommes Frites bestellen, ohne dadurch verächtliche Blicke vom Personal einzufangen. Auch wenn der Service nicht immer mit der Güte der Speisen mithalten kann, so bleibt doch das Lokalkolorit eines alten Gasthofes als besonderer Anreiz.

Gasthof *Zur Post*
Rotter Straße 2
83104 Ostermünchen
Tel.: 0 80 67 / 9 08 00
Ruhetag: Mittwoch
Betriebsferien: sporadisch
für 1 Woche
Warme Küche: 11.30–14 Uhr,
17.30–21.30 Uhr
Hauptgerichte: DM 12–29

Wie man hinkommt

Man fährt auf der B 15 von Rosenheim in Richtung Wasserburg. Nach Westendorf biegt man links ab in Richtung Ostermünchen. Gut 15 km sind es bis zum Ziel.
Der Gasthof befindet sich gegenüber der Kirche in einer scharfen Linkskurve.

Was es sonst noch gibt

In der Umgebung von Ostermünchen findet man einige ruhige Nebenstraßen für gemütliche Radtouren.

WIRTSHAUS *ZUM SCHWEINSBRÄU* HERRMANNSDORF

Schweinsbräu, das klingt nach altem deftigen Wirtshaus. Weit gefehlt, denn der Gasthof in Herrmannsdorf ist weder alt noch deftig und trotzdem sollte man ihn nicht übersehen – was ja auch aufgrund seiner Popularität schwer möglich ist. Eine kleine, feine Ökowelt außerhalb von Glonn ist das Gut, das sich der westfälische Wurstfabrikant Karl Ludwig Schweisfurth nach dem Verkauf seines Unternehmens an einen Lebensmittelmulti als Hobby gönnte.

In Herrmannsdorf wird streng naturbelassen Landwirtschaft betrieben, Vieh gezüchtet (und geschlachtet), Bier gebraut, Brot gebacken und auch nach ökologischen Prinzipien auf hohem Niveau gekocht. Wem die originäre Gastronomie die stolzen Preise wert ist, findet hier seine Seeligkeit. Im *Schweinsbräu* vereinen sich sozusagen die Ergüsse der Edel-Ökolandwirtschaft. In dem hellen, sehr individuell gestalteten Gasthaus kocht man mit Raffinesse und kombiniert Bayerisches mit Mediterranem und Rezepturen anderer Herkunft.

Ausgelöster Kaninchenrücken mit Semmel-Kräuterfüllung etwa oder gekochtes Ochsenfleisch mit Kohlrabi, Lauch und Pesto sind die ansprechenden Gerichte, die dabei entstehen. Dazu trinkt man das Dunkle vom *Schweinsbräu.* Und zum Nachtisch gibt es Rhabarbertarte mit Mandelbaiser. Das Wirtshaus ist keineswegs nur ein Tempel für verhärmte Ökofundamentalisten. Die Ökowirtschaft bietet genug Spielraum für gastronomische Genusssucht. Ein schlechtes Gewissen bekommt man nicht wegen des Cholesterinspiegels – eher schon wegen der Rechnung. Aber Qualität hat nun mal ihren Preis.

Wirtshaus
Zum Schweinsbräu
Herrmannsdorf 7
85625 Glonn
Tel.: 0 80 93/90 94 45
Ruhetage: Montag und
Dienstag
Betriebsferien: Anfang
Januar
Warme Küche: 12–14 Uhr
(Samstag bis 15 Uhr),
18–1 Uhr, Sonntags 12–1 Uhr
Hauptgerichte: DM 18,50–36

Wie man hinkommt
Von Bad Aibling kommend ver-
lässt man am westlichen Stadt-
rand die Staatsstraße 2078.
Nach Norden fährt man auf der
Kreisstraße über Mietraching,
Beyharting und Schönau bis
Hohentann.

Kurz nach Hohentann geht es
links ab in Richtung Glonn.
Nach etwa 3 km kommt man
an eine Kreuzung, von der aus
man rechts abbiegt und nach
1 km Hermannsdorf erreicht.

Was es sonst noch gibt
Auf dem Markt kann man sich
mit den Produkten der Herr-
mannsdorfer eindecken.
Es gibt Martinsbrot aus dem
Steinofen, Wurst und Fleisch,
Käse aus der Rohmilch-Käserei
und das Bier in nostalgischen
Schnappverschluss-Flaschen.
Der südlich von Glonn gelege-
ne Lausen-Weiher ist ein idylli-
scher kleiner Badesee.

ROSENHEIM
UND DAS
INNTAL

ENTENWIRT
TÖRWANG

Ein Farbtupfer in der leider ziemlich eintönigen Wirtshauslandschaft am schönen Samerberg: Einen Steinwurf von der Törwanger Kirche hat der *Entenwirt* Peter Schrödl sein Lokal eingerichtet.

Hier zelebriert er täglich seine Spezialität, die Ente vom Grill: die 1/4-Ente zu 17,50 DM, die halbe für 32 DM. Begleitet wird das kross gebratene Federvieh aus freilaufender Haltung von Blaukraut und Knödel mit Soße, serviert vom Wirt persönlich, der dazu mit einem furchterregenden Messer am Tisch aufkreuzt.

Zum Entenwirt
Samerstr. 5
83122 Samerberg
Tel.: 0 80 32 / 88 15
Ruhetag: Montag
Betriebsferien: wechselnd
Warme Küche: 11.30–15 Uhr,
17.30–21.30 Uhr
Hauptgerichte: DM 15–22

Wie man hinkommt
Man fährt die Autobahn München-Salzburg bis zur Ausfahrt Achenmühle. In Achenmühle zweigt die Strecke auf dem Samerberg ab. Nach rund 4 km sieht man rechts Törwang. Fährt man nach rechts ab, erreicht man nach wenigen Metern den *Entenwirt* auf der rechten Straßenseite.

Ähnlich kredenzt wird die „Altbayerische Schweinshaxen", die mittwochs auf der Speisekarte steht. Saisonal wechselnde Angebote wie etwa eine Spargel-Gala ergänzen das Angebot. Besonderen Wert legt der *Entenwirt* auf die Herkunft seiner Zutaten, weshalb die Enten aus Feldkirchen-Westerham bezogen werden und das Schweinefleisch von hiesigen Bauern kommt, die sich dem Qualitätssiegel „Offene Stalltür" angeschlossen haben.

Was es sonst noch gibt
Der Samerberg ist nicht nur ein ideales Familien-Wandergebiet – nicht weit von Törwang findet man ein nostalgisches Waldschwimmbad. Bergtouren rund um Hochries und Heuberg für unterschiedlichste Ansprüche ergänzen den Wirtshausexkurs.
Wer es bequem bevorzugt, kann ja die Hochriesbahn in Grainbach benutzen.

GASTHAUS *OBERBERGER*
LANGENPFUNZEN

Keine Angst vor wilden Namen. Auch wenn manche Gäste den Wirt von Langenpfunzen Sheriff oder Django nennen, der Oberberger Sepp ist ein eher gemütlicher Gastgeber mit ausgeprägt trockenem Humor. Den Gästen ist es recht. Sie kommen schließlich wegen der unbestrittenen Qualitäten des Wirtshauses. Dazu gehören das unverfälschte, schlichte Ambiente, das handfeste Speisenangebot und vor allem die üppigen Portionen bei außergewöhnlich günstigen Preisen.

Werktags zur Mittagszeit sind die beiden Stuben meist schnell gefüllt. Denn nicht nur Lkw-Fahrer und Leute aus der Umgebung schätzen den Oberberger, auch etliche Rosenheimer ziehen es vor, sich anstelle eines schnellen Bistromenüs einen Schweinsbraten für 7,50 DM oder ein kaum teureres Schnitzel als Mittagsmahl zu gönnen. Touristen und schickes Stadtvolk wird man beim Oberberger dafür nicht finden.

Wie man hinkommt
Vom Ludwigsplatz im Zentrum von Rosenheim fährt man in die Kaiserstraße, deren Verlängerung Ebersberger Straße heißt. Am Stadtrand geht es rechts in den Wasserweg. Nach 2 km kommt man nach Langenpfunzen und sieht

rechts schon das Gasthaus
Oberberger.

Was es sonst noch gibt

Langenpfunzen ist ein historischer Ort, auch wenn man das
kaum noch erkennen kann.
Zu Römerzeiten gab es hier flo-
rierende Töpfereien. Heute ver-
läuft der Innradweg wenige
Meter entfernt. Außerdem
locken im Sommer idyllische
Badeseen in der Nähe von
Schechen.

Gasthaus *Oberberger*
St.-Georgs-Str. 55
83024 Langenpfunzen bei
Rosenheim
Tel.: 0 80 31 / 8 74 34
Ruhetage: Mittwoch, Mon-
tag ab 15.30 Uhr
Betriebsferien: drei Wochen
während des Herbstfestes in
Rosenheim ab Ende August
Warme Küche: 11.30–15 Uhr,
17.30–22 Uhr
Hauptgerichte: DM 6–10

GASTHOF *OCHSENWIRT*
OBERAUDORF

Vor über 500 Jahren gründete ein gewisser Christian Püchlar an dieser Stelle unweit der Sesselbahn ein Wirtshaus und nannte es *Püchlar Hub'n*. Dem heutigen Wirtshaus *Ochsenwirt* sieht man sein Alter nicht mehr an, denn es wurde 1986 gründlich renoviert und heute gehört ein komfortables Hotel mit 24 Doppelzimmern dazu. In der rustikalen Gaststube und im Biergarten serviert man regionale Gerichte, bei denen man einen leichten Tiroler Einschlag erkennen kann. Spezialitäten sind der Wilderer-Topf und – nomen est omen – Ochsenlende und Ochsenfiletsteak. Saisonale Gerichte vom Spargel bis zu den Schwammerln ergänzen die Speisekarte.

Das Bier kommt vom Auerbräu in Rosenheim und – wie es sich für ein Oberaudorfer Wirtshaus gehört – von der ortsansässi-

gen Weißbierbrauerei Bals. Die Preise sind moderat und die Atmosphäre wirkt sehr gepflegt und dezent rustikal. Kurzum: ein bodenständiges Wirtshaus ohne Schnörkel und folkloristische Kapriolen.

**Gasthof *Ochsenwirt*
Carl-Hagen-Str. 14
83080 Oberaudorf
Tel.: 0 80 33 / 30 79-0
Ruhetag: Dienstag (nur in der Nebensaison)
Betriebsferien: in der zweiten Novemberhälfte
Warme Küche: 11–14 Uhr, 17–21 Uhr
Hauptgerichte: DM 13–30**

Wie man hinkommt
Man verlässt die Inntalautobahn bei der Ausfahrt Oberaudorf und fährt noch knapp 2 km bis ins Zentrum.

Das Gasthaus *Ochsenwirt* liegt westlich der Hauptstraße. Dazu biegt man bei der Kirche in Richtung Sesselbahn ab, dann rechts und dann gleich links in die Carl-Hagen-Straße bis man direkt vor dem Gasthaus steht.

Was es sonst noch gibt
Ein Ausflug zu Fuß oder mit dem Sessellift aufs Hocheck bietet sich von hier aus an. Etwas anspruchsvoller wäre ein Ausflug zum Brünnstein, dem Hausberg der Oberaudorfer. Auch nicht weit ist es zum Strandbad am Luegsteinsee. Im Winter bieten sich die Abfahrten am Hocheck und vor allem die Loipen beim Café Dörfl an. Auf dem Bauernhof von Paul Gfäller in der Rosenheimer Str. 11 kann man – nach Absprache – den landwirtschaftlichen Betrieb besichtigen.

GASTHOF-HOTEL *ZUR POST*
TÖRWANG

Eigentlich ist es schade, dass eine idyllische Ausflugsgegend wie der Samerberg so arm an guten Wirtshäusern ist. Zu den wenigen lohnenswerten Adressen gehört die *Post* in Törwang. Ganz wirtshausgerecht ist der denkmalgeschützte Bau aus dem 17. Jahrhundert wahrlich kein zierliches Gebäude. Im Sommer sitzt man auf den Bänken vor der geraniengeschmückten Fassade zwar recht sonnig, aber auch nah am Autoverkehr des stark frequentierten Urlaubsortes. Ruhiger ist es dafür im rückseitig gelegenen Biergarten oder in der Zirbelstube. Früher war das Haus Poststation und man erledigte hier den Pferdewechsel für durchreisende Kutschen. Auch heute hat die *Post* noch mit Pferden zu tun, wenn auch ganz privat, denn der Senior Johann Pallauf züchtet Rennpferde. Der junge Wirt Wolfgang widmet sich dafür einer anderen Tierrasse, den Galloway-Rindern. Das Vieh aus

58

dem fernen Schottland züchten die Pallaufs auf einem Bauernhof bei Rosenheim und das bleibt gastronomisch nicht ohne Wirkung. Für Ochsenbraten, Steaks, Tafelspitz, Ochsenbrust und Wiener Zwiebelrostbraten setzt man in der Post ganz auf Eigenversorgung.

Nebenbei bemerkt handelt es sich hier nicht nur um einen Gasthof, sondern auch um ein Hotel mit 55 Betten, einigen Seminarräumen, Schwimmbad und Solarium.

Gasthof-Hotel *Zur Post*
Dorfplatz 4
83122 Samerberg/Törwang
Tel.: 0 80 32 / 86 13
Ruhetag: Dienstag
Betriebsferien: keine
Warme Küche: 11.30–14 Uhr, 12.30–21.30 Uhr
Hauptgerichte: DM 13,50–32

Wie man hinkommt

Auf der Autobahn München – Salzburg geht es bis zur Ausfahrt Achenmühle. In Achenmühle zweigt die Straße auf dem Samerberg ab. Nach 4 km erreicht man Törwang. Unübersehbar steht der Gasthof gegenüber der Kirche im Dorfzentrum.

Was es sonst noch gibt

Je nach Ambition bieten sich eine kurze Wandertour zur Aussichtskapelle oberhalb von Törwang, eine Wanderung durch die Filzen unterhalb des Dorfes oder Ausflüge in das Hochries- oder Heuberggebiet an. Reizvoll und kaum anstrengend ist ein Spaziergang von Gritschen am Fuß des Heubergs zur Wallfahrtskirche und zum Einsiedlerhof von Kirchwald.

Gasthof Schaupenwirt
Kiefersfelden

Ein wenig versteckt liegt er schon, der *Schaupenwirt* in Kiefersfelden. Von der Thierseestraße biegt man am westlichen Ortsrand nach links ab und erreicht den traditionsreichen Gasthof in der Kaiser-Franz-Josef-Allee, dessen Hauptattraktion zweifellos ein altes Salettl neben dem Biergarten ist.

Seit 1813 ist das Haus mit dem stattlichen Erker, das früher als Kantine für die Köhler genutzt wurde, ein Gastbetrieb. Und dass sich offensichtlich wenig verändert, liegt auch daran, dass der Wirt Michael Gruber von moderner Küche gar nichts hält. Dementsprechend bietet die Speisekarte Spezialitäten wie Tiroler Gröstl oder gekochtes Ochsenfleisch.

Außerdem gibt es selbst gebrannten Birnen- und Zwetschgenschnaps. Aus eigener Produktion kommen auch Würste, Leberkäs und Presssack. Dienstags und samstagnachmittags treffen sich Schafkopfrunden beim *Schaupenwirt.* Zum Haus gehören auch noch etliche Fremdenzimmer mit Etagenduschen.

Gasthaus *Schaupenwirt*
Kaiser-Franz-Josef-Allee 26
83088 Kiefersfelden
Tel.: 0 80 33 / 82 15
Ruhetag: Dienstag
Warme Küche: 12–14 Uhr,
17.30–21 Uhr
Hauptgerichte: DM 10,80–26

Wie man hinkommt

Von Oberaudorf oder von der Inntalautobahn kommend biegt man in Kiefersfelden rechts in die Thierseestraße ab, fährt etwa 1 km bis nach links (Hinweisschild) der Weg zum *Schaupenwirt* in die Kaiser-Franz-Josef-Allee abzweigt. Man fährt auf dieser etwa 100 m bis man vor dem Wirtshaus ankommt

Was es sonst noch gibt

Direkt vor dem Gasthaus befindet sich eine Sommerstockschießbahn. Auch Tennisplätze sind nicht weit entfernt. Man kann die Einkehr mit einer Wanderung zum Hechtsee oder zur Gießenbachklamm verbinden. Der Wirtsfamilie gehört auch die Kaindlhütte am Wilden Kaiser.

SCHNEIDERWIRT
NUSSDORF AM INN

Columbus hatte gerade Amerika entdeckt, da wurde der *Schneiderwirt* in Nußdorf erstmals urkundlich erwähnt. Aus der ehemaligen Poststation, die zwischenzeitlich auch einem Kloster in München gehörte, ist über die Jahrhunderte ein stattlicher Betrieb mit eigener Landwirtschaft, Metzgerei und Hotel geworden. Tradition wird hier hoch geschätzt, das erkennt man nicht nur an der alten Stube aus dem Jahr 1928. Man serviert etliche Gerichte, die daran erinnern, dass die bayerische Küche eigentlich eine Küche der armen Leute war. Das tut dem Geschmack natürlich keinen Abbruch, schließlich kommt vieles aus eigener Schlachtung. Gebackene Milzwurst, hausgemachte Blut- und Leberwürste und abgeschmalzte Brotsuppen sind auch in bayerischen Wirtshäusern keine Selbstverständlichkeit. Mittwochs gibt es einen Grillabend mit Volksmusik, bei dem – darauf legt die Wirtsfamilie Grandauer Wert – keine volkstümliche, sondern echte Volksmusik gespielt wird. Im Saal finden regelmäßig Theateraufführungen der Nußdorfer Trachtler statt.

Wenn beim *Schneiderwirt* eine Bauernhochzeit gefeiert wird,

dann kommt es auch vor, dass alte Bräuche wiederbelebt werden, die die meisten von uns schon lange vergessen haben. Beim Jungherrenlaufen etwa müssen die Junggesellen aus dem Dorf um die Wette rennen. Der Sieger hat dann das Mahl frei. Und wenn man weiß, was an Hochzeiten oft gezecht wird, dann kann sich der Preis schon sehen lassen.

Schneiderwirt
Hauptstr. 8
83131 Nußdorf
Tel.: 0 80 34 / 45 27
Ruhetag: Montag
Betriebsferien: Ende November
Warme Küche: 11.30–14 Uhr, 18–20.30 Uhr
Hauptgerichte: DM 12,80–22

Wie man hinkommt

Man fährt die Inntalautobahn bis zur Ausfahrt Brannenburg, erreicht nach 2 km das Zentrum von Nußdorf. An der Kreuzung biegt man rechts ab und findet nach 100 m rechts den *Schneiderwirt.*

Was es sonst noch gibt

Ein Wegweiser am Wirtshaus verrät die wichtigste Freizeitbeschäftigung. Für Wanderungen am Heuberg und in Richtung Samerberg ist Nußdorf ein idealer Ausgangspunkt. Zur Einsiedelei Kirchwald geht man eine halbe Stunde, zur Daffnerwaldalm etwa eineinhalb Stunden. Sehr gemütlich ist der Weg durchs Mühltal.
Wer sich mit bäuerlicher Kost eindecken will, findet bei Rita Deindl-Kogler in der Hauptstraße 26 Geräuchertes, Marmelade, Butter und Käse.

Ein böser Drachen war hier Namenspatron. Der Sage nach soll er Pilger auf dem Weg nach Birkenstein verschlungen haben. Heutzutage haben die Reisenden am Sudelfeld derartige Bedrohungen nicht mehr zu fürchten. Beim *Feurigen Tatzelwurm* setzt man ganz auf Gastlichkeit. Und obwohl das stattliche Anwesen kurz vor dem Ende der Straße von Niederaudorf zum Sudelfeld ein komfortables Hotel mit zwei modernen Landhäusern umfasst, ist es im Grunde genommen ein Berggasthof geblieben. Davon zeugt auch die alte Leibl-Stube, die an Besuche des berühmten Malers erinnert. Ein mächtiger Kachelofen, Bilder und Dokumente aus alten Zeiten erzählen vom langen Bestehen des gut 100 Jahre alten Betriebes.

Ludwig Steub, der unermüdliche Reiseschriftsteller, machte hier ebenso Station wie etliche zeitgenössische Prominente. Manch einer wird sich über die Sprüche an der bunt bemalten Holzdecke amüsiert haben. „Den Herrgott im Herzen, a Dirndl im Arm, des oane macht selig, des andre macht warm", heißt es da zum Beispiel. Vor dem Haus gibt es eine große biergartenähnliche Terrasse mit 250 Sitzplätzen und Panoramablick.

Die Wirtsfamilie Kiesl offeriert bayerische Küche, die auch den einen oder anderen Ausflug ins Gehobene enthält. Eine Rarität ist sicherlich der Gamsrücken im Speckmantel auf Wacholdersahne. Überhaupt bilden Wildgerichte einen Schwerpunkt auf der Speisekarte, Vegetarisches wie Bauern-Tres mit Spinatknödl, Topfennockl, Kaspressknödl oder Gemüsestrudl einen anderen. Man merkt leichte Einflüsse der österreichischen Küche, was im grenznahen Gebiet durchaus naheliegend und für die Qualität des Essens sowieso kein Fehler ist.

Alpengasthof
Feuriger Tatzelwurm
83080 Oberaudorf
Tel.: 0 80 34 / 3 00 80
Ruhetag: keiner
Warme Küche: durchgehend
Hauptgerichte: DM 12–35

Wie man hinkommt

Die Anfahrt beginnt in Oberaudorf auf der B 15 nach Norden. In Niederaudorf verlässt man die B 15 nach links, fährt die kurvige und landschaftlich reizvolle Tatzelwurmstraße über Agg und Rechenau, bis nach etwa 5 km links, direkt in der Kurve der Gasthof liegt.

Was es sonst noch gibt

Mächtig sind die Wasserfälle am Tatzelwurm. Zu den knapp 100 m hohen Kaskaden sind es nur fünf Minuten zu Fuß. Vielfältig sind die Gelegenheiten zu längeren Wanderungen wie etwa zum Bichlersee (1 Stunde) und zur Hohen Asten (45 Minuten), der zu den höchstgelegenen, ganzjährig bewirtschafteten Bauernhöfen Deutschlands gehört. Rund vier Stunden dauert die Tour rund um den Brünnstein. Von Arzmoos aus führt ein Weg auch über die Mitteralm zum Wendelstein.

GASTHAUS *WALLER*
REISACH BEI NIEDERAUDORF

Die Nähe zu Klöstern hat in früheren Zeiten manch gutes Wirtshaus hervorgebracht. Beim *Waller* in Reisach hat das Florieren des Geschäfts allerdings weniger mit dem benachbarten Kloster zu tun als damit, dass hier – von einigen Schwankungen in den achtziger Jahren abgesehen – immer Wert auf Tradition gelegt worden ist. Es ist eine lange Tradition, denn das Wirtshaus geht auf das Jahr 1750 zurück und ist seit rund 100 Jahren im Be-

sitz der Familie Waller. Das Schmuckstück ist zweifellos die Gaststube, die aus dem Jahr 1927 datiert. Außerdem gibt es noch ein Nebenzimmer und im Sommer einen Biergarten vor dem von Kastanienbäumen gesäumten Eingang.
In der Küche hält man es mit traditionell bayerischer Kost, ergänzt um einige vegetarische Gerichte wie Wirsingstrudel oder Spinatknödel mit Parmesan. Was aus der eigenen Landwirtschaft kommt, dürfte Vegetarier weniger ansprechen. Seit einigen Jahren züchtet der Wirt Sebastian Waller Pinzgauer Ochsen, was für die Speisekarte nicht ohne Folgen blieb. Tellerfleisch, Rinderbraten, hausgemachter Presssack, Bratwürste und Sauerbraten kommen aus eigener Schlachtung. Das Weißbier, auch das etwas Besonderes, kommt von Adalbert Bals aus Oberaudorf, eine der wenigen bayerischen Kleinstbrauereien, die sich gegen die industriellen Bierproduzenten behaupten konnten.
Im Inntal ist der *Waller* seit Jahren eine Institution. Deshalb ist es besonders an Wochenenden schwer, einen Platz zu bekommen. Und manchmal erscheint auch der Pater Paulus in der

Wirtschaft, der letzte der Klosterbrüder von Reisach. So ganz ist also eine Verbindung zwischen Kloster und Wirtshaus nicht wegzudenken.

Gasthaus *Waller*
Urfahrnstr. 10
83080 Reisach bei
Niederaudorf
Tel.: 0 80 33 / 14 73
Ruhetag: Montag
Betriebsferien: in der zweiten Aprilhälfte
Warme Küche: 11.30–14 Uhr,
17.30–21 Uhr,
am Wochenende durchgehend bis 21 Uhr
Hauptgerichte: DM 9,50–24

Wie man hinkommt

Fährt man von Oberaudorf die Bundesstraße B 15 nach Norden, erreicht man nach 1 km Niederaudorf. Gleich nach der Brücke geht es an der Kreuzung rechts ab. Kurz nach der Bahnunterführung geht es links in die Urfahrnstraße. Dann sind es nur noch wenige Meter bis zum Ziel.

Was es sonst noch gibt

Für Bergwanderungen ist Niederaudorf ein idealer Ausgangspunkt. Etwas sportlicher am Brünnstein oder ganz gemütlich am Bichlersee kann man die Einkehr mit einem Spaziergang verbinden. Im Sommer findet regelmäßig ein Musikfestival statt, das im Kloster Reisach oder auf der Seebühne am Luegsteinsee veranstaltet wird.

GASTHOF *STOCKHAMMER*
ROSENHEIM

Ein Wirtshaus wie es im Buche steht – der Stockhammer am Max-Josefs-Platz, Rosenheims guter Stube, genießt den allerbesten Ruf. Nun sollte man damit keineswegs die Erwartung auf edel-rustikales Ambiente oder feinste Speisen verbinden. Hier handelt es sich um ein gewöhnliches Wirtshaus im besten Sinne. Deftige bayerische Küche, deren Hauptdarsteller zum Beispiel Lüngerl mit Knödel, Schweinebraten mit Flötzingerbiersoße, Tellerfleisch, gedämpfte Bullenbrust oder saure Nieren und saure Leber sind. Man sieht also, hier wird aufgetischt, was anderswo längst vergessen ist.

Überhaupt sollte man beim Stockhammer ein Herz für alte Wirtshausmanieren haben. Hier sitzen Stammtischler in rauchgeschwängerter Luft im Bürgerstüberl, hier wird Karten gespielt und eifrig debattiert. Kein Ruheraum für militante Nichtraucher und Vegetarier. Für gepflegtere Anlässe empfiehlt es sich, ins Klosterstüberl zu wechseln.

Die Wirtsfamilie Partenhauser, seit 65 Jahren für den Stockhammer verantwortlich, sorgt dafür, dass modische Erscheinungen vor der Tür bleiben. Dafür gibt es in der Nachbarschaft genügend Lokalitäten. Mag man anderswo für teures Geld einen dünnen Cappuccino serviert bekommen, hier sind Bier und Speisen in Ordnung. Und an schönen Tagen kann man vor dem Lokal im Freien auf der sonnigen Seite des Platzes sitzen.

Gasthof *Stockhammer*
Max-Josefs-Platz 13
83022 Rosenheim
Tel.: 0 80 31 / 1 29 69
Ruhetage: Samstagabend
und Sonntag
Warme Küche: 9 Uhr 30–
21 Uhr 30
Hauptgerichte: DM 10–26

Was es sonst noch gibt
Nun ist der Max-Josefs-Platz mit den stattlichen Bürgerhäusern an sich eine Sehenswürdigkeit. Darüberhinaus bietet die Stadt genügend Angebote kultureller Art. Zum Städtischen Museum am Mittertor sind es nur ein paar Schritte. Auch der Weg zum Lokschuppen, Rosenheims außergewöhnlichem Ausstellungszentrum, ist nicht weit.

Gasthaus *Angstl*
Sonnering

Nur wenige Wirte und Wirtinnen werden jemals so eine Popularität genossen haben wie die Haxn-Edda in Sonnering. Es geht, genau genommen, um Schweinshaxn, denn die sind die Spezialität des alten Wirtshauses aus dem 17. Jahrhundert in Sonnering, das zwischen Halfing und Höslwang liegt. Dabei haben die Haxn eher aus der Not heraus den Weg auf die Speisekarte gefunden, wie sie heute erzählt. Als Edda und Konrad Angstl das Wirtshaus übernommen hatten, war es das Einfachste, einen Grill in der Küche zu installieren und so die deftigen Mahlzeiten zuzubereiten. Die Haxn gibt es nur auf Bestellung und werden mit Knödeln, Krautsalat und Kartoffelsalat serviert. Wem das zu schwergewichtig wird, hat die Auswahl aus weiteren bodenständigen Gerichten und Brotzeiten. Das Bier kommt vom Auerbräu in Rosenheim und das Weißbier von der Brauerei Rothmooser.

Es bleibt zu hoffen, dass die Nachfolger von Edda und Konrad die Tradition dieses Wirtshauses erhalten. Wie beliebt das Lokal ist, zeigt nicht nur

der Andrang (Reservierung empfohlen), sondern ebenfalls, dass zuweilen auch Gäste aus Fernost nach Sonnering gebracht werden, um ihnen einen Eindruck von der bayerischen Gastronomie zu vermitteln – auch wenn die nicht nur aus Schweinshaxn besteht.

**Gasthaus *Angstl*
Sonnering 3
83129 Höslwang
Tel.: 0 80 55 / 83 71
Ruhetage: Dienstag und Mittwoch
Betriebsferien: im Oktober
Hauptgerichte: DM 7–19**

Wie man hinkommt
Von Rosenheim geht es auf der Staatsstraße 2095 bis Prutting, dann nach links auf der Staatsstraße 2360 bis Halfing. Dort fährt man rechts in die Hauptstraße, dann nach links in Richtung Amerang. Nach 1 km biegt man rechts ab in die Straße nach Höslwang. Nach weiteren 2 km erreicht man Sonnering, wo gleich auf der linken Seite das Wirtshaus steht.

Was es sonst noch gibt
Von Sonnering sind es nur wenige Kilometer bis nach Amerang, wo man ein Automobilmuseum und ein Bauernhausmuseum besichtigen kann. Über Höslwang, wo ein traumhaft schöner 18-Loch-Golfplatz liegt (Adresse s. Seite 58), erreicht man den Pelhamer See und den Hartsee. Im Gebiet der Eggstätter Seenplatte gibt es zahlreiche Rad- und Wanderwege.

GASTHAUS *BRANDMÜHL*
SOYEN

Schon die Adresse klingt eigenwillig: Gasthaus *Brandmühl*, Bischof 1. Nun ist von einem Bischof weit und breit keine Spur, selbst ein Gotteshaus ist nicht in erreichbarer Nähe. Stattdessen trifft man auf eine ländliche Idylle mit unendlich viel Ruhe. Überhaupt ist die Gegend zwischen Soyen und dem Innhochufer eine regelrechte Oase mit sanft anmutenden Wiesen und Wäldern und mit Straßen, auf die sich nur selten ein Auto verirrt. Monika Unterburger und Jürgen Häuslmann haben vor einiger Zeit das alte Wirtshaus übernommen, das um das Jahr 1870 als Kantine für die Arbeiter beim Bau der Königswarter Eisenbahnbrücke diente. Ein kleines Gastzimmer für 25 Leute, elegant und unaufdringlich eingerichtet, ist mit hintersinnigen Kunstwerken ausstaffiert. Die Terrasse bietet noch einmal Platz für 30 Leute.

Die Küche wird von beiden betont naturverbunden saisonal gestaltet. „Erdbeeren im Februar gibt es bei uns nicht", sagt Jürgen Häuslmann kategorisch. Stattdessen werden zum Beispiel Bauernputenbrust in Fetakruste auf Kerbelgemüse mit Bandnudeln oder Lammschnitzel in Petersilienpanade auf dunkler Biersoße angeboten. Ergänzt wird das Angebot mit vegetarischen Gerichten wie Kartoffel-Bärlauch-Puffer oder einer Waldmeisterterrine auf Apfelsalat und einer recht umfangreichen Weinkarte, die überwiegend Produkte aus Deutschland, Österreich und Italien umfasst.

Das Gemüse kommt aus biologischem Anbau und das Fleisch ebenso von heimischen Produzenten. Die Individualität des kleinen abgeschiedenen Gasthauses hat sich herumgesprochen.

Vor allem an Wochenenden sollte man reservieren.

Gasthaus *Brandmühl*
Bischof 1
83564 Soyen
Tel.: 0 80 73 / 8 40
Ruhetage: Mittwoch und Donnerstag
Montag bis Samstag ab 18.30 Uhr geöffnet,
Sonn- und Feiertage ab 11.30 Uhr
Ab 8 Personen auf Anfrage auch außerhalb der Geschäftszeiten
Hauptgerichte: DM 20–35
Menüs DM 55–72

Wie man hinkommt

Von der B 15 fährt man nach Soyen, biegt dort links in Richtung Teufelsbrück ab. Das Gasthaus liegt nach rund 2 km auf der linken Seite abseits der Straße.

Was es sonst noch gibt

Die Gegend am westlichen Inn-ufer ist geradezu ideal für Radtouren. Zum Beispiel kann man von Wasserburg aus mit der MS Christina auf dem Inn bis Teufelsbruck fahren (Radtransport möglich) und dann den Rest zum Gasthaus radeln. Empfehlenswert ist auch ein Abstecher zur Königswarther Eisenbahnbrücke. Generell bietet sich ein Ausflug zur *Brandmühle* mit einem Besuch von Wasserburg an. Nicht weit ist es auch zu den Klöstern Gars und Au am Inn.

LESESTOFF FÜR LAND UND LEUTE

Das Rosenheimer Journal bietet Ihnen Lesestoff in Hülle und Fülle, und das alle zwei Monate aktuell! Südbayerns und Tirols große Illustrierte versorgt Sie in einem Gebiet von München bis Wörgl und von Miesbach bis Salzburg mit Informationen über die wichtigsten gesellschaftlichen und kulturellen Events, stellt Ihnen unsere Städte und Ortschaften vor, bringt Neuigkeiten aus Sport, Reise, Freizeit, Politik, Automobil und vielem mehr, was so richtig Spaß macht. Wer wissen will, was wirklich los ist, kommt am Rosenheimer Journal nicht vorbei.

**Rosenheimer Journal • Adlzreiterstraße 16
Im Hofbräu • 83022 Rosenheim
Tel.: 0 80 31 / 14 04 1 • Fax: 0 80 31 / 32 23 3**

ROSENHEIMER JOURNAL

ROJ

... das hol' ich mir

wir sehen alles

GASTHOF PENSION
FISCHERSTÜBERL, ATTEL

Das *Fischerstüberl* in Attel kann man einfach nicht übersehen. Unterhalb des Klosters Attel liegt das Gasthaus, das vor allem für seine Fischspezialitäten bekannt ist. Für frischen Nachschub sorgt hier die eigene Forellenzucht. Entsprechend vielseitig ist das Angebot auf der Speisekarte.

Neben Forellen in verschiedensten Variationen gibt es noch Brachsen und Karpfen aus der Umgebung sowie zuweilen auch Rotaugen und Nasen aus der Attel, für die der Wirt Robert Fischer das Fischrecht hat. Daneben offeriert man vegetarische Gerichte mit leicht mediterranem Einschlag und auch – damit erfüllt sich auch der Anspruch an ein bayerisches Lokal – hiesige Gerichte wie Saures Kalbslüngerl oder Spanferkel.

Das Interieur des *Fischerstüberls* wurde vor drei Jahren komplett renoviert und zeigt sich heute eher edel-rustikal. Neben einem Wintergarten für Nichtraucher hat es diverse Räumlichkeiten für private Feiern oder Tagungen. Aufgetischt wird ebenfalls auf der Terrasse vor dem Haus, wo sich auch ein Kinderspielplatz befindet. Außerdem gehören Fremden-

zimmer mit insgesamt 17 Betten zum Lokal. Ganz neu ist ein spezielles vegetarisches Restaurant im ersten Stock des Hauses.

Gasthof Pension
Fischerstüberl
Attel-Elend 1
83512 Wasserburg
Tel.: 0 80 71 / 25 98
Ruhetag: Dienstag
Betriebsferien: zwei Wochen
ab Pfingsten
Warme Küche: 11.30–
23.30 Uhr
Hauptgerichte: DM 14–30

Wie man hinkommt

Auf dem Weg von Rosenheim nach Wasserburg auf der B 15 fährt man ca. 20 km, bis rechts oberhalb der Straße das Kloster Attel erscheint. Vor dem Kloster direkt an der rechten Straßenseite steht das Fischerstüberl mit einem großen Parkplatz vor dem Haus.

Was es sonst noch gibt

Einige kulturelle Sehenswürdigkeiten sind in nächster Nahe. Dazu zählt natürlich die St.-Michaels-Kirche der Benediktinerabtei in Attel. Nahebei liegt das Kloster Altenhohenau. Sehenswert ist auch das Benediktinerkloster in Rott, das 1081 vom Pfalzgrafen Kuno gegründet worden ist und zu dem eine Rokokokirche mit Figuren von Ignaz Günther gehört. Und wenn man schon in Attel ist, lohnt in jedem Fall ein Abstecher in die pittoreske Altstadt von Wasserburg.

HOTEL-GASTHOF *FLETZINGER*
WASSERBURG

Auch wenn es in Wasserburg etliche renommierte Speiselokale mit historischem Ambiente gibt, in der Kategorie Wirtshaus kommt man am *Fletzinger* nicht vorbei. Ein Grund ist der gemütliche Biergarten. Ein weiterer sind die alten, stilvollen Gaststuben und schließlich hält sich auch das Speisenangebot ans Traditionell-Bayerische.

Seit 1693 gibt es den *Fletzinger* in Wasserburg, bis vor zwei Jahren sogar mit eigener Brauerei. Mit der neuen Pächterfamilie Herrmann soll nun nach mageren Jahren Gewohntes bewahrt und Neues geschaffen werden und vor allem der *Fletzinger* wieder besseren Zeiten entgegensehen. Auf der Speisekarte findet man all das, was man in einem bayerischen Wirtshaus erwartet.

Manchmal in etwas eigenwilligen Abwandlungen wie den Schweinsbraten mit Rahmwirsing. Das Bier kommt größtenteils vom Bräu im Moos.

Zum *Fletzinger* gehören außerdem ein komfortables Hotel, Tagungseinrichtungen mit einem sehr modern gestalteten Saal und diverse Nebenzimmer. Am gemütlichsten sitzt man jedoch – sofern nicht Biergartenwetter ist – in der großen Gaststube mit dem hellen Kachelofen in der Mitte.

Hotel Gasthof *Fletzinger*
Fletzingergasse 1
83512 Wasserburg
Tel.: 0 80 71 / 9 08 90
Kein Ruhetag
Warme Küche: 11.30–14 Uhr,
18–21.30 Uhr
Hauptgerichte: DM 10–30

Wie man hinkommt
Wasserburgs gute Stube ist der
Marienplatz vor dem Rathaus.
Von hier geht (oder fährt) man
wenige Meter in die Postgasse
und stößt dort auf die Fletzingergasse und den gleichnamigen Gasthof.

Was es sonst noch gibt
Die Sehenswürdigkeiten der
Altstadt von Wasserburg aufzu-
zählen würde einen eigenen
Reiseführer füllen. Zumindest
sollte man aber einen Rund-
gang um den Marienplatz mit
Rathaus und Herrengasse
machen und dabei die kleinen
Winkel und Bogengänge nicht
vergessen. Schön ist auch ein
Spaziergang am Innufer auf
dem Skulpturenrundweg oder
eine Schiffspartie mit der MS
Christina, die am Ostufer an-
legt. In Wasserburg ist auch
das „Erste Imaginäre Museum"
mit originalgetreu nachgebilde-
ten Kunstwerken aus aller Welt
einen Besuch wert.

Außerdem sehenswert

Schächinger Mühle
Schäching
83533 Edling
Tel.: 0 80 71 / 84 94
Ruhetag: Montag
Deftig bayerisch, aber auch
mexikanisch und thailändisch
wird in der Mühle am Ortsrand
von Edling gekocht. Sehens-
wertes Ambiente mit alten
Mahlwerken aus der Zeit der
Jahrhundertwende.

Harter Schloßstuben
Schloß Hart
83533 Edling
Tel.: 0 80 39 / 17 74
Ruhetag: Montag, ab 16 Uhr
geöffnet, feiertags ab 11 Uhr
Idyllisches Ausflugsziel 3 km
südlich von Edling. Gaststube
im Schloss, Biergarten, indivi-
duelle ländliche Küche.

Landgasthof zur Mühle
83052 Unterholzham
Tel.: 0 80 62 / 13 69
Ruhetag: Mittwoch
Gemütliches Wirtshaus auf
halber Strecke zwischen Bruckmühl und Glonn. Gaststube
mit Antiquitäten, Biergarten
vor dem Haus und bayerisch-
traditionelle Küche.

Bräustüberl Maxlrain
83043 Maxlrain
Tel.: 0 80 61 / 9 24 22
Ruhetag: Mittwoch
Gewissermaßen im Windschat-
ten des renommierten Biergar-
tens entstand das Wirtshaus in
der Brauerei. Großer Biergarten,
Küche bayerisch.

Gasthaus Schoder
Lagerhausstr. 2
83043 Bad Aibling
Tel.: 0 80 61 / 72 01
Ruhetage: Samstag und
Sonntag
Neben dem Baywa-Gelände am
Bahnhof steht dieses alte
Wirtshaus mit eigener Metzge-
rei. Rustikale alte Stube mit
Jagdtrophäen an der Wand, ein
Saal für Gesellschaften. Es gibt
bodenständige Küche; bekannt
für Kronfleischessen am Mon-
tag und frische Weißwürste am
Freitag.

Brunnerwirt
Wiechs 7
83075 Bad Feilnbach
Tel.: 0 80 66 / 9 05 50
Ruhetag: Dienstag
Sehr schlichtes altes Gasthaus
neben der Kirche in Wiechs.
Nach der Übernahme durch

den ehemaligen Oberwirt von Berbling, Thomas Jonas, darf man gespannt sein, was der renommierte Koch aus dem alten Wirtshaus macht.

Gasthof Kurzenwirt
Schöffauer Str. 95
83088 Kiefersfelden
Tel.: 0 80 33 / 84 13
Ruhetag: Mittwoch
Westlich von Kiefersfelden im Ortsteil Schöffau steht das rustikale Gasthaus. Rustikal eingerichtet, Biergarten vor dem Haus sowie Fremdenzimmer. Die Gegend ist ideal für Wanderungen.

Gasthof-Pension Ledererhof
Breitenau 8
83088 Kiefersfelden
Tel.: 0 80 33 / 60 95 70
Ruhetag: Donnerstag
Westlich von Kiefersfelden liegt der Weiler Breitenau auf einer Anhöhe. Von der Terrasse des alten Gasthauses schöner Blick auf die Berge. Alte Stube und bayerische Küche, auf Bestellung Nouvelle Cuisine. Fremdenzimmer.

Wirth von Amerang
Postweg 4
83123 Amerang
Tel.: 0 80 75 / 18 59 18
Täglich von 10 Uhr bis 1 Uhr nachts geöffnet, kein Ruhetag

Ehemalige alte Gaststätte im Zentrum von Amerang, die aufwendig renoviert und mit lifestyligen Zugaben auf nostalgische bayerische Wirtshaustradition setzt.

Restaurant Zur Backstube
Kirchweg 5
83543 Rott am Inn
Tel.: 0 80 39 / 56 86
Geöffnet abends von Donnerstag bis Sonntag, sonst auf Bestellung ab 6 Personen Reservierung erforderlich (nur 3 Tische)
Wo früher die Bäckergesellen Semmeln und Brezen formten, sitzt man heute gemütlich in wohnzimmerartiger Atmosphäre, umgeben von wohlgefüllten Bücherregalen und einem alten Backofen in der Wand. Die Küche kombiniert einheimische Kost mit etwas Nouvelle Cuisine.

Landgasthof Griessee
Grossbergham 16
83119 Obing
Tel.: 0 86 24 / 22 80
Kein Ruhetag
Betriebsferien: Mitte Januar bis Ende Februar
Gemütliche Landgasthof mit 20 Fremdenzimmern im Bauerndorf Großbergham zwischen Seeon und Obing. Bayerische Küche, ein schattiger Biergarten und der hauseigene Griessee lohnen einen Ausflug.

Gasthaus Wachtl
Wachtl 1
A-6335 Thiersee
Tel.: 00 43 / 53 76 / 59 59
Ruhetag: Freitag
Versteckt gelegenes uraltes
Wirtshaus oberhalb des Stein-
bruchs am Ende der Thiersee-
straße bei Kiefersfelden. Von
Kufstein auf der Straße nach
Thiersee, von der Kiefersfelde-
ner Seite über Eisentreppe er-
reichbar. Renovierte Stube, Ti-
roler Küche und gemütlicher
Biergarten.

Heuriger im Weinstadl
Ebbs-Eichelwang
Kaiseraufstieg 25
A-6330 Kufstein
Tel.: 00 43 / 53 72 / 6 41 72
Ruhetag: Montag
Direkt am Einstieg zum Kaiser-
tal gelegenes Heurigenlokal.
Bekannt für warmes Buffet,
aufmerksamen Service und
gemütliche Atmosphäre im Stil
österreichischer Traditionsga-
stronomie. Großer Heurigen-
Garten mit lauschigen
Sitzecken.

Gasthaus Neuhaus
Thierberg 4
A-6330 Kufstein
Tel.: 00 43 / 53 72 / 6 45 62
Ruhetag: Donnerstag
Rund 3 km oberhalb von Kufstein
verbirgt sich das alte, stilvolle
Landhaus mit sehenswerten Ju-
gendstilstuben. Reizvoller Gar-
ten, einfache Küche, Fremden-
zimmer.

Gasthaus Fuchsanger
A-6342 Rettenschöß 50
Tel.: 00 43 / 53 73 / 6 10 69
Ruhetag: Donnerstag
Direkt an der Straße von Nie-
derndorf zum Walchsee unter-
halb von Rettenschöß. Gemütli-
che Stube, Biergarten vor dem
Haus, gute Tiroler Küche.
Mit Fremdenzimmern.

Gasthaus Moosbauer
Erlerberg 43
A-6343 Erl
Tel.: 0043/5373/8150
Ruhetag: Freitag
Beliebtes Ausflugsziel an der
Südseite des Spitzsteins. Von
Erl mit dem Auto oder von Sach-
rang zu Fuß mit einem gemütli-
chen Spaziergang erreichbar.
Panoramalage, einfache Tiroler
Küche, Biergarten vor dem Haus.

Theaterhütte
Obere Sparchen 5
A-6330 Kufstein
Tel.: 00 43 / 53 72 / 6 45 19
Ruhetag: Montag
(im Winter auch Dienstag)
Oberhalb von Kufstein gelegenes, bei Einheimischen beliebtes Wirtshaus mit Panoramablick. Früher war es das Probe-
lokal des Kufsteiner Theaterver-
eins, heute ist es ein Gasthaus
mit Tiroler Küche. Man erreicht
es mit dem Auto oder zu Fuß
vom Kaiserlift-Parkplatz aus.

Gasthof Blaue Quelle
Mühlgraben 15
A-6343 Erl
Tel.: 00 43 / 53 73 / 81 28
Ruhetage: Montag und
Dienstag
Am Ortsrand von Erl liegt an
der Hauptstraße der gemütli-
che, für seine gute Küche be-
kannte Landgasthof. Spezialität
sind Forellen. Alte Gaststuben,
eine sonnige Terrasse und
Fremdenzimmer gehören zum
Haus. Der kurze Spaziergang
zur Quelle lohnt sich.

BILDNACHWEIS:

Klaus G. Förg:

Titel, S. 9, 13, 16, 17, 19, 21, 22/23, 24, 27,
29, 30/31, 33, 37, 41, 42/43, 44, 45, 49, 50,
51, 61, 63, 65, 66, 68, 69, 71, 73, 75, 76,
78/79, 80, 81, 82

Georg Weindl:

S. 10/11, 14/15, 35, 38/39, 47, 52/53,
54/55, 57, 59, 62

© 1998 Edition Förg der Buchhandlung Förg, Rosenheim

Kartenskizze: Sebastian Schrank, München
Satz und Lithografie: Scan L. Stragenegg, Rosenheim
Druck und Bindung: Druck- und Verlagshaus Alois Erdl OHG, Trostberg
Printed in Germany

ISBN 3-9803116-6-X